Bibliografische Information der Deutschen Nationalbibliothek:

Die Deutsche Bibliothek verzeichnet diese Publikation in der Deutschen National-
bibliografie; detaillierte bibliografische Daten sind im Internet über http://dnb.d-
nb.de/ abrufbar.

Impressum:

Copyright © 2017 GRIN Verlag
Druck und Bindung: Books on Demand GmbH, Norderstedt Germany
ISBN: 9783668555938

Dieses Buch bei GRIN:

https://www.grin.com/document/378138

Nina Gerlt

Problemstellung und Herausforderung von Big Data. Wie lässt sich Big Data mit dem Datenschutz vereinbaren?

GRIN Verlag

Bachelorarbeit

Big Data und Datenschutz –
Eine kritische Analyse

Vorgelegt von: Nina Gerlt
Themenabgabetermin: 17.01.2017

Inhaltsverzeichnis

Abbildungsverzeichnis

Abkürzungsverzeichnis

BDSG	Bundesdatenschutzgesetz
BVerfGE	Entscheidungen des Bundesverfassungsgerichts
DSGVO	Datenschutz-Grundverordnung
GPS	Global Positioning System (Deutsch: Globales Positionsbestimmungssystem)
o. V.	ohne Verfasser

1 Einleitung

Das Thema Big Data, vor allem in Verbindung mit dem Datenschutz, wird aktuell wieder umfassend in den Medien diskutiert. Grund für diese Diskussion ist ein Artikel aus dem „Magazin" des Schweizer „Tagesanzeigers", der sich mit der Frage beschäftigt: „Wie zum Teufel konnte Donald Trump die Wahl gewinnen?". Dieser Artikel liefert eine Antwort: *Big Data*. Lt. Kernaussage dieses Artikels, soll die Analyse-Firma Cambridge Analytica aus Washington DC, USA mit der Hilfe von personenbezogenen Daten die seelische Verfassung der Amerikaner so analysiert haben, dass sie jeden denkbaren Wähler die Nachrichten des Kandidaten, je nach Persönlichkeit, vermitteln konnte.[1] Cambridge Analytica hat also von jeden potenziellen US-Wähler ein psychologisches Profil angelegt.[2] Dieser Artikel zeigt, wie wichtig aber auch riskant die Verwendung von „Big Data" sein kann, ganz besonders wenn ein Augenmerk auf den Datenschutz geworfen wird.

Die Verwendung von Big Data ist besonders für Unternehmen in der heutigen Zeit nicht mehr wegzudenken. Aber auch jede Privatperson weiß, ohne die Daten, die weltweit verfügbar gemacht werden, ist so gut wie gar nichts mehr möglich.[3] Mit jedem Online-Einkauf, mit jeder Eingabe in das Navigationsgerät oder auch durch die Verwendung von GPS der sog. „Smart-Phones" können Daten verwendet und ausgewertet werden. Das Problem dabei ist jedoch, dass der Großteil der Bevölkerung nicht weiß, ob welche und wie viele Daten überhaupt von sich veröffentlicht, verwendet und verarbeitet werden. Dies wirft schließlich die Kernfrage dieser Arbeit auf: „Hat nicht jeder Mensch das Recht auf *informationelle Selbstbestimmung*?"

Aufgrund dieser Überlegungen ist nun das Ziel dieser Arbeit, zu verdeutlichen, wie Big Data mit den Grundsätzen des aktuellen Datenschutzrechtes verwendet werden kann, ohne die Persönlichkeitsrechte der betroffenen Personen maßlos zu verletzen.

Der Aufbau dieser Arbeit ist wie folgt gegliedert. Nach der Einleitung folgt Kapitel 2, in welchem der theoretische Rahmen der vorliegenden Arbeit dargelegt und betrachtet wird. Kapitel 2 ist in zwei Unterkapitel mit den Titeln „Big Data" und „Datenschutz" aufgeteilt. In Bezug auf den Begriff „Big Data" in Kapitel 2.1, wird zunächst ein Augenmerk auf die Definition gewor-

---

[1] Vgl. Reinbold/Schnack (2016).
[2] Vgl. Reinbold/Schnack (2016).
[3] Vgl. Heuer (2013), S. 3.

fen. Insbesondere wird hier auf die vier V's eingegangen, welche für die nähere Begriffsdefinition notwendig sind. Im weiteren Verlauf wird außerdem ein Blick auf das Potenzial und die Anwendungsbereiche von Big Data geworfen. In Kapitel 2.2 wird der Begriff Datenschutz kurz erläutert und außerdem mithilfe der Prinzipien des Datenschutzes differenziert. Der Hauptteil dieser Arbeit beschäftigt sich mit der Zusammenführung von Big Data und Datenschutz in Kapitel 3. Hier wird insbesondere auf die Herausforderungen und Lösungsansätze bei der Verwendung von Big Data unter Berücksichtigung des Datenschutzes eingegangen. In Kapitel 4 erfolgt anschließend eine kritische Analyse in Bezug auf die dargestellte Problemstellung und Ihre Lösungsansätze. Abschließend wird in Kapitel 5 ein Fazit gezogen und ein Zukunftsausblick gegeben.

2 Grundlagen zu den Begriffen *Big Data* und *Datenschutz*

2.1 Big Data

2.1.1 Definition

Der Begriff „Big Data" ist ein Begriff der bereits seit einigen Jahren weit verbreitet ist und auf verschiedene Weisen definiert wird. Daher lässt sich zunächst grundsätzlich sagen, dass es keine exakte Definition von Big Data gibt. Dennoch möchte der Autor im Folgenden die für Ihn zutreffendste Definition von Big Data zitieren:

> „,Big Data' steht für große Datenmengen, die über das Internet oder anderweitig gesammelt, verfügbar gemacht und ausgewertet werden. Viele der Daten sind personenbezogen. Sie lassen sich, herausgelöst aus den ursprünglichen Erhebungskontexten, zu beliebigen Zwecken nutzen, z. B. um statistische Trends zu erkennen."[4]

Die großen Mengen an Daten, die heute tagtäglich anfallen und exponentiell anwachsen, bilden die Grundlage von Big Data.[5] Bereits im Jahr 2012 gab es lt. einer Studie weltweit mehr als 2,8 Zettabyte an Daten.[6] Bis 2020 soll sich die Menge an Daten auf ca. 40 Zettabyte weltweit erhöhen.[7] 1 Zettabyte entspricht 1 Billion Gigabyte, umgerechnet in Byte ergibt dies eine Zahl aus einer 1 mit 21 Nullen.[8] Zudem lässt sich sagen, dass Big Data ein Sammelbegriff für Daten ist, die zu umfangreich sind, um auf einen einzigen Server Platz zu haben.[9] Sie sind außerdem zu unstrukturiert, um in das Format einer Datenbank wie z.B. Excel, zu passen.[10] Das Ziel bei der Anwendung von Big Data ist es nun, diese Daten trotzdem zu speichern und schnellstmöglich zu verarbeiten, um zeitnah nützliche und vor allem neue Informationen zu gewinnen.[11]

Wie bereits einleitend angesprochen, wird Big Data außerdem mithilfe der drei bzw. vier V's definiert (Vgl. Abb. 1 Die vier Dimensionen von Big Data). Wobei die drei ersten V's das Grundgerüst bilden. Die drei V's stehen hier

---

[4] Weichert (2013a), S. 251.
[5] Vgl. Helbing (2015) S. 1.
[6] Vgl. Davenport (2014), S. 2.
[7] Vgl. Grafik o. V. (2017).
[8] Vgl. Weichert (2013a), S, 252.
[9] Vgl. Davenport (2014), S. 1.
[10] Vgl. Davenport (2014), S. 1.
[11] Vgl. Freiknecht (2014), S. 9.

für *Volume* (Datenmenge), *Velocity* (Geschwindigkeit), *Variety* (Vielfalt) ergänzt um das vierte V *Veracity* (Wahrhaftigkeit). Im Folgenden wird der Autor nun auf die o.g. Eigenschaften bzw. Charakteristika[12] von Big Data eingehen.

Abb. 1: Die vier Dimensionen von Big Data.

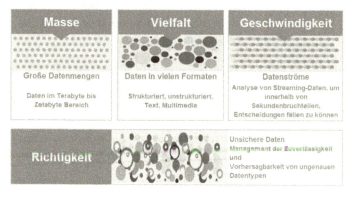

(Schroeck/Shockley/Smart et al. 2012)

Volume

Das erste V für Volume steht im Zusammenhang mit Big Data für immer größere Datenmengen, die von Unternehmen analysiert werden können. Es handelt sich hierbei um Datenmengen die kontinuierlich weiter wachsen.[13] King beschreibt Volume als eine große Menge an Daten welche gemanagt und analysiert werden muss. Sie erklärt außerdem, dass der Umfang der Daten steigt, je höher die Anzahl der Quellen und die Höhe der Datentiefe ist.[14] Als Beispiel für große Datenmengen dient das bekannteste und wohl auch größte soziale Netzwerk Facebook, welches weltweit über 1 Mrd. Nutzer verzeichnet.[15] Die aktiven Nutzer in Facebook vergeben pro Minute ca. 35.000 Likes an Vereine, Organisationen oder Hersteller und erzeugen mehr als 650.000 Inhalte wie z.B. Statusbeiträge, Fotos oder Videos.[16]

---

[12] Vgl. King (2014), S. 35.
[13] Vgl. Schroeck/Shockley/Smart et al. (2012), S. 4.
[14] Vgl. King (2014), S. 35.
[15] Vgl. Klein/Tran-Gia/Hartmann (2013), S. 320.
[16] Vgl. James (2016).

Velocity

Unter dem zweiten V, Velocity, wird die Geschwindigkeit der Daten verstanden. Zum einen steht die Geschwindigkeit für die Aktualität der Daten und zum anderen geht es in diesem Zusammenhang um die schnelle Geschwindigkeit der Verarbeitung.[17] Bei vielen Anwendungen wird ein größerer Wert auf die Geschwindigkeit der Daten (Velocity), als auf die große Menge der Daten (Volume) gelegt. Dies resultiert aus der Aussage, dass die Echtzeit- bzw. nahezu Echtzeit-Informationen den Unternehmen die Möglichkeit geben, flexibler zu reagieren als der Wettbewerb.[18] Dementsprechend kann man also festhalten, dass die Geschwindigkeit, mit der Daten erzeugt, verarbeitet und analysiert werden, ständig zunimmt.[19] Die Ursache für eine ständige Zunahme der Geschwindigkeit ist nicht nur der Echtzeitgewinnung zuzuschreiben, sondern diese ergibt sich auch aus der Notwendigkeit die Datenströme in die Prozesse eines Unternehmens einzubinden und zudem in die Entscheidungsfindung zu integrieren.[20]

Variety

Variety, das dritte V, beschreibt zunächst die Vielfalt verschiedener Datenstrukturen und außerdem die Passgenauigkeit der Daten.[21] In Relation mit Big Data versteht man unter dem Begriff „Vielfalt" die Speicherung von strukturierten, semi-strukturierten und unstrukturierten Daten, welche weltweit verfügbar gemacht werden.[22] Semi-strukturierte Daten sind Daten, welche zum einen Teil strukturiert und zum anderen Teil unstrukturiert sind. Als Beispiel dient hier eine E-Mail. Der Kopf dieser E-Mail, welcher Daten wie die E-Mail Adresse und Namen des Absenders bzw. Empfängers beinhaltet ist grundsätzlich strukturiert. Der eigentliche Textteil der E-Mail ist hingegen unstrukturiert. Diese stark variierenden Daten, können zu höchst unterschiedlichen Zwecken gespeichert werden. Daraus folgt, dass die möglichen Inhalte und Formate besonders vielfältig sein können. Ein Großteil dieser gewonnenen Daten ist unstrukturiert, d.h. die Daten passen nicht in ein vorher generiertes Datenmodell.[23] Vor allem die Daten, welche den Unternehmen besonders unstrukturiert vorliegen, stellen für die Anwen-

---

[17] Vgl. Freiknecht (2014), S. 11.
[18] Vgl. McAfee/Brynjolfsson (2012), S. 63.
[19] Vgl. Schroeck/Shockley/Smart et al. (2012), S. 4.
[20] Vgl. Schroeck/Shockley/Smart et al. (2012), S. 4.
[21] Vgl. Fasel (2014), S. 389.
[22] Vgl. Fasel/Meier (2016), S. 6.
[23] Vgl. Dorschel/Dorschel (2015), S. 8.

dung von standardisierten Datenbanksystemen eine große Herausforderung dar und können daher teilweise nicht gewinnbringend verarbeitet werden.[24]

Veracity

Das vierte V, wurde von IBM eingeführt und steht bezugnehmend auf die Definition von Big Data für Veracity.[25] Wie der Autor bereits erwähnt hat, bedeutet Veracity in der deutschen Übersetzung Wahrhaftigkeit. Wird der Begriff Wahrhaftigkeit in Zusammenhang mit Big Data gesetzt, bedeutet dies, dass die vorliegenden Datenbestände unterschiedliche Qualitäten aufweisen, welche zwingend bei den Auswertungen berücksichtigt werden müssen.[26] Aufgrund des Großen Umfangs und der Geschwindigkeit der Daten, sollte daher unbedingt die Wahrhaftigkeit der Daten berücksichtigt werden, da die Inhalte der gewonnen Daten häufig verfälscht dargestellt werden.[27] Verfälschte Daten sollten bei einer Big Data Analyse unbedingt vermieden werden. Besonders im Umgang mit Big Data stellt die hohe Datenqualität eine besondere Herausforderung dar, welche niemals unterschätz werden sollte.[28]

2.1.2 Potenzial

> *„Data is power. It differentiates and becomes the basis for new products, sales and customer relationships. A company's 'optimal exploitation of data' is key, but more importantly, that exploitation drives revenue."*[29]

Die Definition von Big Data, welche in der vorliegenden Arbeit mithilfe der vier V's erläutert wurde, gibt bereits einen kleinen Einblick darauf, welch großes Potenzial hinter dem Begriff Big Data stecken kann. Durch die Unmengen an weltweit verfügbaren Daten, können besonders Unternehmen bei der Anwendung von Big Data profitieren. Bei der Verwendung verschiedenster Daten aus internen und externen Quellen können Unternehmen nicht nur die Marktsituation besser beurteilen, sondern außerdem

---

[24] Vgl. Klein/Tran-Gia/Hartmann (2013), S. 320.
[25] Vgl. Schroeck/Shockley/Smart et al. (2012), S. 5.
[26] Vgl. Fasel/Meier (2016), S. 6.
[27] Vgl. Freiknecht (2014), S. 12.
[28] Vgl. Schroeck/Shockley/Smart et al. (2012), S. 5.
[29] King (2014), S. 60.

Kunden mithilfe externer Daten aus bspw. Sozialen Medien analysieren und mithilfe interner Daten wie z. B. Kundenstammdaten genauere Kundenprofile erstellen.[30] Dadurch entsteht die Möglichkeit die Anforderungen der Kunden zu analysieren und somit die entsprechenden Produkte an diese Kundenanforderungen anzupassen.[31] Weiterhin kann dann außerdem schneller bspw. auf Anfragen oder Reklamationen reagiert werden.[32] Daraus lässt sich schließen, dass sich Unternehmen durch Big Data Analysen Wettbewerbsvorteile sichern, neue Geschäftsmodelle erschließen und ggf. sogar Umsätze steigern können.

2.1.3 Anwendungsbereiche

Big Data kann in den verschiedensten Anwendungsbereichen gewinnbringend verwendet werden. Daher werden nun die für den Autor fünf wichtigsten Anwendungsbereiche werden im Folgenden genannt und erläutert.

Marketing und Vertrieb

Es ist selbstverständlich, dass für jedes Unternehmen das Marketing ein wichtiger Bestandteil für den Erfolg eines Unternehmens ist. Mit der Hilfe von Big Data Analysen ergeben sich hier völlig neue Chancen. Denn durch die Anwendung von Big Data haben Unternehmen die Möglichkeit, Aussagen und Vorhersagen aus kundenspezifischen Anfragen und Verhaltensweisen herauszufiltern, um diese anschließend in die gewünschte Marketingstrategie, also einen Plan bzw. eine Vorgehensweise zur Erreichung der Unternehmensziele, umzusetzen.[33]

Forschung und Produktentwicklung

Auch im Bereich der Forschung und Produktentwicklung, kann Big Data sinnvoll angewendet werden. Als Beispiel dient hier die Anwendung von Big Data-Analysen in dem Einsatzgebiet der Produktneuentwicklungen und Produktverbesserungen. Durch gezielte Auswertungen von bspw. Social-Media-Pattformen entsteht die Möglichkeit, Schwächen und Meinungen zu Produkten gezielt herauszufiltern.[34] Dementsprechend können die Produkte

---

[30] Vgl. Fasel (2014), S. 398.
[31] Vgl. Fasel (2014), S. 398.
[32] Vgl. Fasel (2014), S. 398.
[33] Vgl. CP Monitor (2013), S. 15.
[34] Vgl. o. V. (2012), S. 36 f.

dann anhand dieser Ergebnisse verbessert oder sogar neu entwickelt werden.

Controlling

Das Controlling in Unternehmen ist ein wichtiges Instrument der Führungsebene. Es arbeitet schon vor der Verwendung von Big Data mit Unmengen an Daten, jedoch können Hauptaufgaben wie z.b. die Datenakquise mithilfe konkreter Big Data Analysen in Zukunft um einiges schneller durchgeführt werden.[35] Diese deutlich schnellere Verarbeitung ist möglich, obwohl von Zeit zu Zeit immer mehr Daten zur Verfügung stehen. Big Data gibt den Controllern also die Möglichkeit, ein Großteil der Information, welche aus verschiedenen Unternehmensbereichen stammen, in kürzester Zeit zusammenzuführen, ohne das mit besonders großem Aufwand ein Datenmodell z.b. in Form einer Excel-Tabelle, entwickelt werden muss.[36]

Produktion

Bei dem ersten Gedanken an den Begriff „Produktion" denken wohl die wenigsten daran, dass auch in diesem Bereich große Mengen an Daten verwendet werden und vor allem notwendig sind. Die Verarbeitung von Big Data dient dazu, Schwachpunkte im Produktionsablauf schnellstmöglich zu analysieren und somit zukünftige Produktionsabläufe zu verbessern.[37] „Die meisten dieser Daten fließen in Echtzeit in Datenbanken ein und werden für Zwecke der Überwachung und Optimierung von Prozessen und wirtschaftlichen Parametern genutzt."[38]

Distribution und Logistik

Im Bereich der Logistik wird immer mehr ein Augenmerk auf Vollautomatische Lagersysteme geworfen. Aufgrund von immer häufigeren Just-in-Time Lieferungen nach Kundenwünschen, ist dies in vielen Unternehmen auch nicht mehr wegzudenken. Daher ist auch hier die Anwendung von Big Data notwendig um „die Daten der Auftragsfertiger, der Zwischenlager und der Logistikpartner sowie Prognosen künftiger Absatzprognosen"[39] zu analysieren. Nach erfolgreicher Analyse dienen die gewonnen Daten als Grundlage

---

[35] Vgl. Eich (2014)
[36] Vgl. o. V. (2012), S. 41.
[37] Vgl. Jüngling (2015)
[38] o. V. (2012), S. 38.
[39] o. V. (2012), S. 39.

zur Optimierung der internen und externen Distribution- und Logistikabläufe.

2.2 Datenschutz

2.2.1 Was ist Datenschutz überhaupt?

Die schnelle technische Entwicklung von Big Data, welche Unternehmen und auch Behörden die Möglichkeit gibt, Unmengen an personenbezogenen Daten zu verarbeiten und zu analysieren, gibt Anlass dazu das Thema Datenschutz zwingend bei Big Data Analysen zu berücksichtigen.[40] Aus diesem Grund werden nun im Folgenden die Antworten auf die Fragen: „Was ist Datenschutz überhaupt?" und „Wozu dient der Datenschutz?" erläutert.

Grundsätzlich ist zunächst folgendes festzuhalten:

„Datenschutz ist ein grundlegendes Recht, das sowohl bei der manuellen als auch bei der maschinellen Datenverarbeitung zu beachten ist."[41]

Angesichts der Bezeichnung „Datenschutz", kann vermutet werden, dass der Datenschutz nur die Daten an sich schützt. Diese Aussage ist jedoch nicht korrekt. Denn tatsächlich geht es bei dem Datenschutz um den Schutz der dargestellten Informationen, welche mit einer Person in Verbindung (personenbezogene Daten s.u.) gebracht werden können.[42] Die Grundlage für den Datenschutz bzw. für das Datenschutzrecht ist das BDSG. Dieses beschreibt in §1 Abs. 1 „Zweck dieses Gesetzes ist es, den Einzelnen davor zu schützen, dass er durch den Umgang mit seinen personenbezogenen Daten in seinem Persönlichkeitsrecht beeinträchtigt wird." Fortführend ist außerdem §1 Abs. 2 hervorzuheben: „Dieses Gesetz gilt für die Erhebung, Verarbeitung und Nutzung personenbezogener Daten [...]." Daraus lässt sich schließen, dass personenbezogene Daten im Sinne des BDSG „Angaben" sind und damit Inhalte. Diese dürfen folglich nicht mit dem technischen Begriff „Daten" verwechselt werden.[43] In Bezug auf die Fragestellung „Wozu dient das Datenschutzrecht?", lässt sich daher zusammenfassend sagen, dass das Datenschutzrecht festlegt, unter welchen

---

[40] Vgl. Heuberger-Götsch/Burkhalter (2014), S. 1.
[41] Witt (2010), S. 1.
[42] Vgl. Hoeren/Völkel (2014), S. 19.
[43] Vgl. Hoeren/Völkel (2014), S. 19.

Bedingungen Daten, welche einen konkreten Personenbezug aufweisen, verwendet werden dürfen.[44] Es ist wichtig hervorzuheben, dass die Anwendung des Datenschutzrechts im Sinne des BDSG nur möglich ist, wenn es sich bei der Verwendung von Daten um personenbezogene Daten handelt.

Die Europäische Union definiert *personenbezogene Daten* in der Richtlinie 95/46/EG, eine Datenschutzrichtlinie, zum Schutz natürlicher Personen bei der Verarbeitung personenbezogener Daten und zum freien Datenverkehr, aus dem Jahr 1995 als[45]

> *„(...) alle Informationen über eine bestimmte oder bestimmbare natürliche Person (‚betroffene Person‘); als bestimmbar wird eine Person angesehen, die direkt oder indirekt identifiziert werden kann, insbesondere durch Zuordnung zu einer Kennnummer oder zu einem oder mehreren spezifischen Elementen, die Ausdruck ihrer physischen, physiologischen, psychischen, wirtschaftlichen, kulturellen oder sozialen Identität sind.“*

Big Data wird also dann kritisch im Zusammenhang mit dem Datenschutz angesehen, wenn personenbezogene Daten verarbeitet werden. Daher ist es besonders wichtig schon vor der Anwendung von Big Data zu prüfen, ob personenbezogene Daten verarbeitet werden. Denn nur dann wird das Datenschutzrecht angewendet.

Ein weiterer wichtiger Aspekt des Datenschutzrechts ist das *Recht auf informationelle Selbstbestimmung,* denn dieses ist grundlegend für das Verständnis, den Umfang und die Wirkung des Datenschutzrechts.[46] Das Recht auf informationelle Selbstbestimmung ist ein Grundrecht und zählt außerdem zu den allgemeinen Persönlichkeitsrechten. Es ergibt sich aus dem Volkszählungsurteil gem. BVerfGE 65, 1 und legt fest, dass jeder Bürger selbst bestimmen darf, welche Information über ihn, zu welcher Zeit zur Verfügung stehen darf.[47] Er darf also selbst bestimmen „wem welche Daten für welchen Zweck preisgegeben werden.“[48] Zudem soll das Grundrecht auf informationelle Selbstbestimmung dem Menschen die Möglichkeit ge-

---

[44] Vgl. Helbing (2015), S. 275.
[45] Vgl. King (2014), S. 55.
[46] Vgl. Witt (2010), S. 47.
[47] Vgl. Waidner (2015), S. 27.
[48] Weichert (2013b), S. 135.

ben, die eigene Persönlichkeit frei auszuprägen.[49] Ein zentraler Bestandteil des Rechts auf informationelle Selbstbestimmung sind die *Betroffenenrechte*.[50] Durch die Betroffenenrechte, welche in § 6 BDSG definiert werden, hat jeder Betroffene das Recht zu erfahren, welche Daten ein Unternehmen über ihn gespeichert hat.[51] Zudem hat er zu jedem Zeitpunkt das Recht auf Berichtigung, Löschung oder Sperrung dieser gespeicherten Daten.[52]

2.2.2 Prinzipien

Um die Anwendung des Datenschutzes zu vereinfachen, bzw. zu verdeutlichen dienen die Prinzipen bzw. Grundsätze des Datenschutzrechtes. Diese wird der Autor nun im Folgenden nennen und erläutern.

Verbot mit Erlaubnisvorbehalt

„Das deutsche Datenschutzrecht folgt konstruktiv dem Prinzip des Verbots mit Erlaubnisvorbehalt."[53] Das Prinzip des Verbots mit Erlaubnisvorbehalt leitet sich von §4 Abs. 1 BDSG ab. Darunter wird verstanden, dass die Erhebung, Verarbeitung oder Nutzung personenbezogener Daten zunächst einmal grundsätzlich verboten ist.[54] „Dies bedeutet, dass entweder eine Erlaubnis durch den Betroffenen (durch eine Einwilligung, vgl. § 4a BDSG, [...]) oder durch eine gesetzliche Regelung gegeben sein muss [...]."[55] Liegt dies nicht vor, ist die Verarbeitung oder Nutzung personenbezogener Daten verboten.

Zweckbindung

Das Prinzip der Zweckbindung ist für die Verwendung von Big Data besonders wichtig, denn es besagt, dass die Daten nur zu dem Zweck verwendet werden dürfen, zu dem sie ursprünglich erhoben worden sind.[56] Daraus lässt sich schließen, dass dieses Prinzip es tendenziell ausschließt, Daten für einen anderen Zweck als zuvor festgelegt wurde, zu erheben.[57] Der Zweck zu dem die Daten erhoben werden, muss also gem. § 28 Abs. 1

---

[49] Vgl. Schaar (2014), S. 844.
[50] Vgl. Weichert (2013b), S. 141.
[51] Vgl. Raabe/Wagner (2016), S. 436.
[52] Vgl. Raabe/Wagner (2016), S. 436.
[53] Culmsee (2015), S. 168.
[54] Vgl. Witt (2010), S. 76.
[55] Weichert (2013a), S. 255.
[56] Vgl. Bitter/Buchmüller/Uecker (2014), S. 59.
[57] Vgl. Weichert (2013b), S. 140.

BDSG bereits bei der Erhebung festgelegt werden und der betroffenen Person gem. § 4 Abs. 3 Nr. 2 BDSG und § 4a Abs. 1 Satz 2 BDSG unverzüglich mitgeteilt werden. Des Weiteren gilt nach dem Prinzip der Zweckbindung, dass Daten, welche einen Personenbezug aufweisen, grundsätzlich nur für den erhobenen Zweck, im benötigten Umfang verarbeitet und für die Dauer seines Bestehens gespeichert werden dürfen.[58] Eine Aufhebung der Zweckbindung, ist nur begrenzt durch ein überwiegendes Interesse der Allgemeinheit oder bestimmter Dritter möglich.[59]

Erforderlichkeit

Der Grundsatz der Erforderlichkeit ist mit dem Grundsatz der Zweckbindung besonders eng verbunden, denn er gibt vor, dass die Verarbeitung personenbezogener Daten nur zulässig ist, wenn sie zur Erreichung eines zuvor festgelegten Zwecks notwendig ist.[60] Ob die Datenverarbeitung der personenbezogenen Daten wirklich erforderlich ist, lässt sich nur in Bezug auf einen zuvor festgelegten Zweck ermitteln. Entfällt der Zweck einer Datenerhebung oder wird dieser aufgehoben, so verliert auch die Wirkung des Prinzips der Erforderlichkeit seine Funktion.[61] „Erforderlichkeit der Erhebung, Verarbeitung oder Nutzung personenbezogener Daten besteht also, wenn im Einzelfall keine ebenso effektive Alternative mit geringerer Eingriffstiefe vorhanden ist."[62]

Transparenz

Die rechtliche Grundlage für den Grundsatz der Transparenz ist § 4 Abs. 3 BDSG.

> „Der Grundsatz der Transparenz fordert, die Daten grundsätzlich bei dem Betroffenen zu erheben und ihn zuvor zu unterrichten. Bei jeder neuen Speicherung ist er zu benachrichtigen. Gegenüber der verantwortliche Stelle hat er Auskunftsrechte."[63]

Dies bedeutet, dass jeder Einzelne wissen muss, wer welche Informationen, zu welchem Zeitpunkt zu welcher Gelegenheit über ihn kennt. Der

---

[58] Vgl. Culmsee (2015), S. 169 f.
[59] Vgl. Weichert (2013a), S. 256.
[60] Vgl. Weichert (2013a), S. 256.
[61] Vgl. Dix (2016), S. 61.
[62] Roßnagel/Geminn/Jandt et al. (2016), S. 46.
[63] Roßnagel/Geminn/Jandt et al. (2016), S. 100.

Betroffene kann außerdem zu jeder Zeit Auskunft über die Erhebung, Verarbeitung und Nutzung seiner personenbezogenen Daten verlangen.[64]

Datenvermeidung und Datensparsamkeit

Gemäß §3a BDSG wird unter dem Prinzip der Datenvermeidung und Datensparsamkeit verstanden, dass jede Datenverarbeitung von personenbezogenen Daten das Ziel verfolgen sollte, so wenig Daten wie möglich zu erheben, bzw. wenn möglich die Verarbeitung von personenbezogenen Daten vollständig zu vermeiden.[65] Das Prinzip der Datenvermeidung bzw. Datensparsamkeit ist die Konsequenz aus dem Prinzip der Erforderlichkeit.[66] Denn dieser Grundsatz verlangt, dass die Verarbeitung personenbezogener Daten bereits durch die Auswahl des entsprechenden Zwecks vermindert oder sogar vermieden werden kann.[67]

Direkterhebung

Das Prinzip der Direkterhebung ist in § 4 Abs. 2 S. 1 BDSG zu finden. Es beschreibt, dass die personenbezogenen Daten grundsätzlich immer bei den betroffenen Personen einzufordern sind. Besonders wichtig ist außerdem, dass es nicht zulässig ist, personenbezogene Daten über Drittquellen zu erheben.[68] Der Betroffene muss außerdem Kenntnis von der Erhebung der Daten haben, vgl. § 4 Abs. 2 BDSG. Nur in besonderen Fällen dürfen Daten auch ohne Kenntnis des Betroffenen erhoben werden. Die Voraussetzungen sind § 4 Abs. 2 BDSG zu entnehmen.

---

[64] Vgl. Culmsee (2015), S. 170 f.
[65] Vgl. Bitter/Buchmüller/Uecker (2014), S. 59.
[66] Vgl. Dix (2016), S. 60.
[67] Vgl. Roßnagel (2011), S. 41.
[68] Vgl. Helbing (2015), S. 278.

17

3 Zusammenführung von Big Data und Datenschutz

3.1 Problemstellung und Herausforderung

Die Zusammenführung von Big Data wird in der Öffentlichkeit als sehr kritisch angesehen. Wie bereits in Kapitel 2.1.1 erwähnt, wird unter Big Data die Auswertung großer Datenmengen, in unterschiedlichen Strukturen mit besonders hoher Geschwindigkeit verstanden. Big Data verfolgt also das Ziel, Unmengen an Daten zu verarbeiten. Der Datenschutz hingegen, zielt darauf ab, personenbezogene Daten vor Missbrauch zu schützen und legt vor allem besonderen Wert auf das Grundrecht auf informationelle Selbstbestimmung.[69] Aus diesem Grund wird Big Data häufig als unvereinbar mit dem Datenschutz dargestellt.[70]

Zunächst einmal muss hier auf die verschiedenen Arten an verfügbaren personenbezogenen Daten verwiesen werden, die mithilfe von Big Data verarbeitet werden können. Bei den Daten kann es sich beispielsweise um Inhalte aus der Telekommunikation, Angaben aus der Statistik, Karteninformationen, Standortdaten, Bilder, Videos, Internetdaten, Kundendaten oder auch Transaktionsdaten handeln.[71] Die Verarbeitung dieser personenbezogenen Daten, ist jedoch mit einigen Risiken verbunden. Vor allem sollte immer die Gefahr vor Missbrauch der Daten im Hinterkopf behalten werden, denn vor allem die Gefahr vor Missbrauch der personenbezogenen Daten ist bei Big Data Anwendungen besonders hoch. Ein Großteil der Unternehmen hat ein immer größer werdendes Interesse, viele Daten für einen langen Zeitraum zu speichern, um diese so oft wie nur möglich wiederzuverwenden.[72] Zudem wird im Zeitalter von Big Data die Menge an Daten immer weiter steigen, da nach und nach mehr Informationen bzw. Aspekte aus der Wirklichkeit in Daten umgewandelt wird.[73]

Die größte Herausforderung für Big Data Anwendungen ist jedoch die Berücksichtigung des Datenschutzrechts. Wie der Autor bereits in Kapitel 2.2.1 erwähnt hat, beruht das Datenschutzrecht auf das Grundrecht der informationellen Selbstbestimmung. Das Problem hierbei ist jedoch, dass die Grundsätze der Big Data Analysen den grundlegenden Prinzipien des Datenschutzrechts und dementsprechend auch dem Grundrecht auf infor-

---

[69] Vgl. Kapitel 2.2.1
[70] Vgl. Dix (2016), S. 59.
[71] Vgl. Weichert (2013a), S. 252.
[72] Vgl. Mayer-Schönberger/Cukier (2013), S. 192.
[73] Vgl. Mayer-Schonberger (2015), S. 790.

mationelle Selbstbestimmung wiedersprechen.[74] Daher wird in der vorliegenden Arbeit insbesondere Beachtung auf die Prinzipien des Datenschutzrechtes geworfen. Die besonders große Menge an personenbezogenen Daten, die für Big Data Anwendungen verwendet werden, treten häufig
in einen Zielkonflikt mit den Datenschutzprinzipien.[75] Die nachfolgende Abbildung 2 Big Data und die Prinzipien des Datenschutzrechts, gibt einen
kleinen Einblick über die einzelnen Zielkonflikte, welche in dieser Arbeit
behandelt werden. Anschließend wird der Autor die Zielkonflikte von Big
Data mit den Prinzipien der Zweckbindung, der Erforderlichkeit bzw. Datensparsamkeit und dem Prinzip der Transparenz umfassend erläutert.

Abb. 2: Big Data und die Prinzipien des Datenschutzrechts

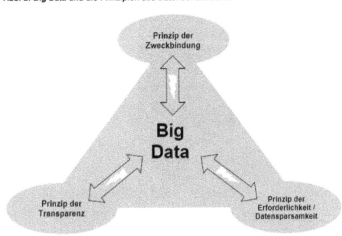

(Quelle: Eigene Darstellung.)

Wird zunächst das *Prinzip der Zweckbindung* betrachtet, ist im Zusammenhang mit der Verwendung von Big Data ein erster Zielkonflikt festzustellen.
Wie bereits in Kapitel 2.2.2 erwähnt, dürfen Daten nur für den zuvor festgelegten Zweck verwendet werden, für den sie ursprünglich erhoben worden
sind. Wohingegen Big Data Anwendungen häufig Daten zu einem anderen
Zweck, wie zuvor festgelegt wurde, erheben[76] bzw. Big Data Anwendungen

---

[74] Vgl. Weichert (2013a), S. 254.; Vgl. Richter (2016), S. 9.582 f.; Vgl. Roßnagel
(2013), S. 562.
[75] Vgl. Martini (2014), S. 1483.
[76] Weichert (2013b), S, 140.

stellen Daten ganz bewusst in andere Zusammenhänge um möglichst viele verschiedene Daten miteinander zu verknüpfen.[77] Kurz gesagt, verfolgen Big Data Analysen generell das Ziel, Daten ohne einen konkreten Zweck zu erheben.[78] Natürlich gibt es die Möglichkeit für Unternehmen, welche Big Data Anwendungen verwenden, den Zweck sehr offen festzulegen um somit dem Grundsatz der Zweckbindung nicht zu wiedersprechen, jedoch ist dieser Ansatz nicht die Lösung des eigentlichen Problems. Durch die Festlegung eines offenen Zwecks wie z.b. „Zweck der Sicherheit" oder „Zweck der Werbung", wird das Prinzip der Zweckbindung nicht ausreichend berücksichtigt.[79] Hier wird eher das Gegenteil bewirkt, denn je offener der gewählte Zweck einer Datenerhebung mithilfe von Big Data ist, umso höher ist das Risiko des Datenmissbrauchs.

Da das *Prinzip der Erforderlichkeit* sowie das *Prinzip der Datensparsamkeit / Datenvermeidung* eng mit dem Prinzip der Zweckbindung verbunden ist[80], stehen auch diese Prinzipien in einem Zielkonflikt mit der Anwendung von Big Data Analysen. Gemäß dieser Prinzipien sollen, wie bereits erwähnt, nur so wenig personenbezogene Daten wie möglich verarbeitet werden, die zur Erreichung eines konkreten Zwecks erforderlich sind. Entgegen dieser Prinzipien, sollen durch Big Data Analysen möglichst viele potenzielle Daten wie nur möglich gespeichert werden, um diese bspw. in späteren Analysen weiterzuverarbeiten bzw. auszuwerten.[81] Sollten Daten nicht mehr benötigt werden, müssen diese unverzüglich gelöscht werden, jedoch werden bei Big Data Analysen grundsätzlich keine Daten gelöscht, da das Löschen von Daten einen großen Verlust von Informationen darstellt.[82] Dies stellt ein wesentliches Problem bei der Verwendung von Big Data dar.

Das in diesem Zusammenhang letzte Prinzip des Datenschutzrechtes, welches eine Herausforderung für den Datenschutz darstellt, ist das *Prinzip der Transparenz*. Anhand der Transparenz muss jedem Betroffenen bekannt sein, wer welche Daten zu welchem Zweck weiterverarbeitet.[83] Die Herausforderung liegt hier darin, dass Big Data Anwendungen häufig nicht die Möglichkeit geben herauszufinden, in wie fern die Daten verwendet werden bzw. in welchem Umfang personenbezogene Daten analysiert oder

---

[77] Vgl. Martini (2014), S. 1484.
[78] Vgl. Weichert (2013a), S. 256.
[79] Vgl. o. V. (2012), S. 44.; Vgl. Roßnagel (2013) S. 564.
[80] Vgl. Kapitel 2.2.2
[81] Vgl. Weichert (2013b), S. 141.
[82] Vgl. Martini (2014), S. 1485 f.
[83] Vgl. Helbing (2015), S. 278.

verknüpft worden sind, denn diese sind grundsätzlich immer intranspa-
rent.[84] Im Nachhinein ist es bei Big Data Analysen häufig besonders
schwierig nachzuvollziehen, woher die Daten einer Vorhersage stammen.[85]
Zudem ist es gerade in Bezug auf Big Data besonders wichtig, dass die
Transparenz bei den Betroffenen, also demjenigen von dem diese Daten
verarbeitet werden, sowohl auch bei demjenigen, der die Ergebnisse aus
Big Data Analysen verwendet, ersichtlich ist.[86] Die Transparenz wird jedoch
in vielen Fällen anhand seitenlanger und unübersichtlicher Datenschutzer-
klärungen nur vorgetäuscht.[87]

Im Großen und Ganzen lässt sich somit feststellen, dass sich die Prinzipien
des Datenschutzrechts und die Anwendung von Big Data mit personenbezogenen Daten nahezu vollständig widersprechen, obwohl die o.g. Prinzipien zum Schutz der Persönlichkeit generell besonders wichtig sind.[88] Es
scheint fast so, als wäre es schier unmöglich das Datenschutzrecht und Big
Data Anwendungen miteinander zu vereinbaren.

Aufgrund dieser Feststellung ist es nun notwendig, Lösungsansätze für die
Verwendung von Big Data unter Berücksichtigung des Datenschutzes im
folgenden Kapitel 3.2 der vorliegenden Arbeit darzustellen und zu erläutern.

3.2 Lösungsansätze

3.2.1 Datenschutzkontrolle

Bevor einige spezifische Lösungsansätze dargestellt werden, möchte der
Autor zunächst auf den wichtigen Aspekt der Datenschutzkontrolle im folgenden Text eingehen.

Um grundsätzlich dem Datenschutzrecht und somit auch den Prinzipien
des Datenschutzrechts nicht zu wiedersprechen ist eine Datenschutzkontrolle von besonderer Bedeutung.[89] Die Datenschutzkontrolle erfolgt durch
einen Datenschutzbeauftragten, dessen Aufgaben in § 4g BDSG festgelegt
worden sind. Unter anderem zählt zu den Aufgaben des Datenschutzbeauftragten gem. § 4g BDSG die „ordnungsgemäße Anwendung der Datenver-

---

[84] Vgl. Roßnagel (2013), S. 564.
[85] Vgl. Mayer-Schönberger/Cukier (2013), S. 224.
[86] Vgl. Schaar (2014), S.849.
[87] Vgl. Schaar (2014), S. 848.
[88] Vgl. Martini (2014), S. 1484.
[89] Vgl. Weichert (2013a), S. 256.

arbeitungsprogramme" zudem ist er gem. § 4g BDSG dazu verpflichtet „über Vorhaben der automatisierten Verarbeitung personenbezogener Daten rechtzeitig zu unterrichten". Der Datenschutzbeauftrage wird durch die Leitung eines Unternehmens oder einer Organisation beauftragt.[90] Die Pflicht zur Beauftragung eines Datenschutzbeauftragten ist in § 4f Abs. 1 Satz 1 für alle Unternehmen, die personenbezogene Daten weiterverarbeiten festgelegt. Um von Anfang an gegen keine Datenschutzrechte zu verstoßen, ist es also besonders hilfreich einen Datenschutzbeauftragten von zum Beginn einer personenbezogenen Datenverarbeitung und für den gesamten Zeitraum dieser Datenverarbeitung einzustellen. Nur durch die Hilfe eines Datenschutzbeauftragten kann die Datenschutzkontrolle am ehesten berücksichtigt werden.

3.2.2 Anonymisierung

Die *Anonymisierung* von Daten gilt bereits seit einigen Jahren als gängiges Instrument um die Verwendung von Big Data im Zusammenhang mit dem Datenschutz zu Vereinfachen. Gemäß §3 BDSG Abs. 6 versteht man unter der Anonymisierung

> „das Verändern personenbezogener Daten derart, dass die Einzelangaben über persönliche oder sachliche Verhältnisse nicht mehr oder nur mit einem unverhältnismäßig großen Aufwand an Zeit, Kosten und Arbeitskraft einer bestimmten oder bestimmbaren natürlichen Person zugeordnet werden können."

Was im Zusammenhang mit dieser Definition ein „unverhältnismäßig großer Aufwand an Zeit, Kosten und Arbeitskraft" entspricht, ist differenziert von der Menge an verfügbaren Daten und dem aktuellen Stand der Technik zu betrachten.[91] Es sind jedoch alle Unternehmen die personenbezogene Daten verarbeiten gem. §3a BDSG dazu verpflichtet, Daten, wo es nur möglich ist, zu anonymisieren.

Bei einer klassischen Anonymisierung werden personenbezogene Daten durch beliebige Werte wie z.B. eine Buchstaben-Zahlen-Kombination ersetzt, sodass alle ursprünglichen Daten „verschwin-

---

[90] Vgl. Weichert (2013a), S. 256.
[91] Vgl. Dix (2016), S. 61.

den" bzw. nicht mehr zu erkennen sind. Als Beispiel dient hier die nachfolgende Abbildung 3: Die klassische Anonymisierung.

Abb. 3: Die klassische Anonymisierung.

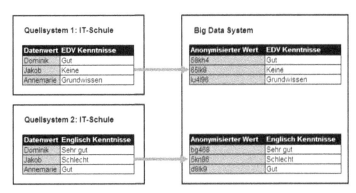

(Quelle: Eigene Darstellung in Anlehnung an (Hudson 2016)

Die frühzeitige und korrekte Anonymisierung ist eine sehr bedeutende Maßnahme um eine Big Data Analyse datenschutzkonform zu gestalten. Die Anonymisierung wurde jedoch nur korrekt durchgeführt, wenn keinerlei Rückschlüsse auf die bezogene Person mehr möglich sind.[92] Personenbezogene Daten sind erst dann nicht mehr personenbezogen, wenn die Bestimmbarkeit einer Person vollkommen ausgeschlossen werden kann, bzw. wenn ein Rückgängig machen der Anonymisierung nicht mehr möglich ist.[93] Dadurch dass die Daten mithilfe der Anonymisierung nicht mehr personenbezogen sind, ist die Anwendung von Big Data problemlos möglich. Denn das Datenschutzrecht greift, wie bereits erwähnt, nur ein, wenn personenbezogene Daten genutzt werden. Besonders wichtig bei der Anonymisierung ist es, dass bei der Entfernung entscheidender Schlüsselbegriffe nicht zu viele Informationen verloren gehen dürfen.[94]

Das Verfahren der Anonymisierung kann außerdem um die *Aggregierung* von Daten ergänzt werden. Unter der Aggregierung von Daten wird die Zusammenführung einer größeren Menge von einzelnen Datensätzen, in

---

[92] Vgl. Ulbricht (2015), S. 186.
[93] Vgl. Culmsee (2015), S. 168.
[94] Vgl. Heuberger-Götsch/Burkhalter (2014), S. 486.

einem gleichartigen Gruppendatensatz verstanden.[95] Durch diese Zusammenführung, ist der Rückschluss auf individuelle personenbezogene Daten nicht mehr möglich.[96]

3.2.3 Pseudonymisierung

Im Gegensatz zu der Anonymisierung werden die personenbezogenen Daten bei einer *Pseudonymisierung* nicht gelöscht. Die Pseudonymisierung wird in dem BDSG §3 Abs. 6a kurz und knapp wie folgt definiert:

> *„Pseudonymisieren ist das Ersetzen des Namens und anderer Identifikationsmerkmale durch ein Kennzeichen zu dem Zweck, die Bestimmung des Betroffenen auszuschließen oder wesentlich zu erschweren."*

Erweitert wird diese Definition mithilfe der DSGVO, denn hier findet diese gesonderte Beachtung.[97] Der Begriff Pseudonymisierung wird in Art. 4 Abs. 5 DSGVO wie folgt definiert:

> *„‚Pseudonymisierung' die Verarbeitung personenbezogener Daten in einer Weise, dass die personenbezogenen Daten ohne Hinzuziehung zusätzlicher Informationen nicht mehr einer spezifischen betroffenen Person zugeordnet werden können, sofern diese zusätzlichen Informationen gesondert aufbewahrt werden und technischen und organisatorischen Maßnahmen unterliegen, die gewährleisten, dass die personenbezogenen Daten nicht einer identifizierten oder identifizierbaren natürlichen Person zugewiesen werden"*

Daraus lässt sich schließen, dass bei der Pseudonymisierung die Daten, welche sich auf eine bestimmte Person beziehen, durch ein Kennzeichen ersetzt werden.[98] Es können daher nur noch die Personen die Daten erkennen, denen das Pseudonym bekannt ist.[99] Für all diejenigen, denen das Pseudonym nicht bekannt ist, ist die Identifizierung von Personen nicht bzw. nur mit besonders großem Aufwand möglich. Eine beispielhafte Anwendung einer klassischen Pseudonymisierung kann der Abbildung 4 ent-

---

[95] Vgl. Weichert (2013a), S. 258.
[96] Vgl. Weichert (2013b), S. 144.
[97] Vgl. Marnau (2016), S. 430.
[98] Vgl. Steinebach/Krempel/Jung et al. (2016), S. 443.
[99] Vgl. Waidner (2015), S. 30.

nommen werden. Im Vergleich zu dem Verfahren einer klassischen Anonymisierung fällt auf, dass hier eine Übersetzungstabelle der Pseudonyme bzw. Kennzeichen, welche in diesem Fall für Namen stehen, erkennbar ist. Ein weiteres Beispiel für eine Pseudonymisierung ist die Generierung von Kundennummern.

Abb. 4: Die klassische Pseudonymisierung.

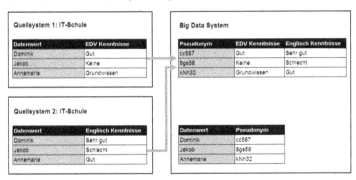

(Hudson 2016, S. 27)

Die Pseudonymisierung wird in einigen Fällen der Anonymisierung vorgezogen.[100] Ein Vorteil der Pseudonymisierung gegenüber der Anonymisierung ist die Verkettung verschiedener Daten unter demselben Pseudonym, denn dadurch können große Datenansammlungen bis hin zu einem umfassenden Profil erstellt werden, welche sich nur auf dieses eine Pseudonym beziehen.[101]

Die Pseudonymisierung kann zudem noch um das Verfahren der *Verschlüsselung* ergänzt werden. Die Anwendung von Verschlüsselungsverfahren wird ebenfalls in §9 BDSG erwähnt, jedoch ist dort keine Definition vermerkt. Wird die technische Definition von Verschlüsselung betrachtet, wird darunter ein Vorgang verstanden, bei dem ein klar lesbarer Text oder auch Informationen anderer Art in eine „unleserliche" Zeichenfolge verschlüsselt wird.[102] Durch das Verfahren der Verschlüsselung sollte das Spionieren der Daten durch Dritte erschwert bzw. wenn möglich sogar vermieden werden. Außerdem ist es besonders wichtig, dass der Schlüssel für

---

[100] Vgl. Ulbricht (2015), S, 188.
[101] Vgl. Ulbricht (2015), S, 188.
[102] Vgl. Ulbricht (2015), S, 188.

alle unbefugten unzugänglich ist, denn für alle Personen, denen der Schlüssel nicht bekannt ist, gelten die personenbezogenen Daten nur noch als anonymisierte Daten.[103] Demnach liegen nach dem Vorgang der Verschlüsselung auch keine personenbezogenen Daten mehr vor.

3.2.4 Privacy by Design

Ein weiterer wichtiger Lösungsansatz für die Zusammenführung von Big Data und Datenschutz ist das Konzept des Privacy by Design. Um zunächst einmal einen Überblick über Privacy by Design zu gewinnen, dienen die sieben Prinzipien von Ann Cavoukian.[104] Als Übersicht zu diesen sieben Prinzipien von Ann Cavoukian dient die nachfolgende Abbildung 5. Anschließend wir der Autor die in der Abbildung benannten Prinzipien kurz erläutern.

Abb. 5: Die 7 Prinzipien von "Privacy by Design"

(Quelle: Eigene Darstellung.)

---

[103] Vgl. Bitter/Buchmüller/Uecker (2014), S. 80.
[104] Vgl. Cavoukian (2013) S. 2 f.

Proaktiv, nicht reaktiv; als Vorbeugung und nicht als Abhilfe

Privacy by Design verfolgt ein Proaktives Ziel, was bedeutet, dass der Datenschutz berücksichtigt werden soll, bevor eine Anwendung zur Verwendung von Big Data entwickelt wurde. Die Sicherheitslücken die in Bezug auf das Datenschutzrecht aufkommen, sollen also geschlossen werden, bevor sie entstehen konnten. Somit steht der Datenschutz von Beginn an im Vordergrund und wird nicht erst dann angewendet, wenn es vielleicht schon zu spät ist. Dieses erste Prinzip dient also dazu, Datenschutzprobleme vorzubeugen.[105]

Datenschutz als Standardeinstellung

Anhand des Titels „Datenschutz als Standardeinstellung" lässt sich bereits die Haupaussage des zweiten Prinzips erahnen. Es geht bei Privacy by Design also darum, das der Datenschutz ohne eine Eigeninitiative des Anwenders realisiert werden kann. Der Datenschutz soll als Standardeinstellung in die Big Data Anwendung hinterlegt werden. Zudem wirft dieses Prinzip außerdem ein Augenmerk auf die Minimierung der Daten. Es sollen also so wenige Daten wie möglich verwendet werden und diese auch nur so lange wie nötig erhalten. Im Vergleich zu den Prinzipien des Datenschutzrechts, kann hier eine Verbindung zu dem Prinzip der Datenvermeidung und Datensparsamkeit hergestellt werden.[106]

Datenschutz ist in das System eingebettet

Kurz gesagt, bedeutet das dritte Prinzip lt. (*Cavoukian*), dass alle Einstellungen die zur Realisierung des Datenschutzes benötigt werden, in dem System fest verankert sind. Der Datenschutz stellt eine Kernfunktion in der Big Data Anwendung dar, ohne andere Anwendungen zu verhindern oder zu beeinträchtigen.[107]

Volle Funktionalität

Unter dem Prinzip der vollen Funktionalität wird verstanden, dass die Funktionalität der Big Data Anwendung nicht durch die Anforderungen des Da-

---

[105] Vgl. Cavoukian (2013), S. 2.
[106] Vgl. Cavoukian (2013), S. 2.
[107] Vgl. Cavoukian (2013), S. 2.

tenschutzes beeinträchtigt werden soll. Dies wird mit dem Lösungsansatz des Privacy by Design realisiert.[108]

Datenschutz während des gesamten Lebenszyklus

Der Datenschutz ist von Anfang bis Ende eines Lebenszyklus der Anwendung relevant. Daher wird Privacy von Beginn an „eingebettet" und sorgt somit für die vollständige Berücksichtigung des Datenschutzrechts während der gesamten Nutzungsdauer. Daten die nicht mehr benötigt werden, sollen außerdem gelöscht und nicht mehr archiviert werden.[109]

Sichtbarkeit und Transparenz

Auch die Sichtbarkeit und Transparenz wird im Zusammenhang mit Privacy by Design berücksichtigt. Besonders wichtig ist hier, dass der Prozess der Datenverarbeitung für alle Beteiligten transparent und außerdem sichtbar ist. Der Nutzer entscheidet hier, wer über seine Daten verfügt. Privacy by Design schützt zudem den Eingriff dritter Personen. Dritte dürfen Daten nur mit Einverständnis des Nutzers verarbeiten, nutzen oder einsehen.[110]

Wahrung der Privatsphäre der Nutzer

Das siebte Prinzip des Privacy by Design nach *Cavoukian*, legt besonderen Wert auf die Interessen der einzelnen Nutzer. Er kann im Rahmen des Privacy by Design seine eigenen Datenschutzeinstellungen in der Anwendung festlegen.[111]

Ausgehend von den o.g. Prinzipien kann man Privacy by Design als eine Methode definieren, welchen besonderen Wert auf den Schutz von personenbezogenen Daten legt. Dies soll mithilfe proaktiver Technikgestaltung im Zusammenhang mit organisatorischer Vorkehrungen realisiert werden.[112] Außerdem steht die Datenvermeidung bzw. Datenminimierung im zentralen Mittelpunkt des Lösungsansatzes Privacy by Design.[113] Somit ist abschließend hervorzuheben, dass Privacy by Design ein besonders wich-

---

[108] Vgl. Cavoukian (2013), S. 2.
[109] Vgl. Cavoukian (2013), S. 3.
[110] Vgl. Cavoukian (2013), S. 3.
[111] Vgl. Cavoukian (2013), S. 3.
[112] Vgl. Bitter/Buchmüller/Uecker (2014), S. 91.
[113] Vgl. Schaar (2014), S. 849.

tiger technischer Ansatz ist, um die Herausforderungen, die Big Data und Datenschutz mit sich bringen, zu bewältigen.

4 Kritische Analyse

Die vorliegende Arbeit kann dazu beitragen, den Kenntnisstand zu dem Themenfeld Big Data und Datenschutz zu erweitern. Nichtsdestotrotz weisen die o.g. Lösungsansätze an einigen Stellen gewisse Kritikpunkte auf, die nun im Rahmen einer kritischen Analyse exemplarisch dargestellt werden sollen.

Dem Lösungsansatz *Anonymisierung* steht in der vorliegenden Arbeit ein erster Kritikpunkt entgegen, denn aufgrund der heutigen Fortschritte der Big Data Anwendungen, besteht die Möglichkeit, dass anonymisierte personenbezogene Daten dennoch Rückschlüsse auf Personen zulassen können. Je mehr Daten in strukturierter oder unstrukturierter Form verarbeitet und verknüpft werden, je mehr neue Daten einer Analyse hinzugefügt werden und je länger diese Daten gespeichert werden, umso höher ist das Risiko der *Re-Identifizierung*. Unter Re-Identifizierung versteht man in diesem Sinne, die Aufhebung oder Verhinderung der Anonymität.[114] Somit verstößt die unkorrekte bzw. unzureichende Anonymisierung im Endeffekt evtl. doch gegen das Datenschutzrecht, denn solange die Daten unzureichend anonymisiert worden sind, gelten diese weiterhin als personenbezogene Daten. Das daraus resultierende Problem ist, dass ein Großteil der Unternehmen viel zu spät oder ggf. überhaupt nicht bemerken, dass die Anonymisierung nicht ausreichend erfolgt ist. Auch ein aktueller Artikel auf der Internetseite von ZEIT ONLINE beschreibt, dass angeblich anonymisierte Daten vollständig konkreten Personen zugeordnet werden konnten.[115] Dieser Artikel zeigt im besonderen Maße, wie riskant bzw. wie problematisch eine Anonymisierung von personenbezogenen Daten sein kann.

Ein weiterer Kritikpunkt der zu Lasten der vorliegenden Arbeit geht, lässt sich in Bezug auf das Verfahren der *Pseudonymisierung* feststellen. Wie der Autor bereits in Kapitel 3.2.2 erwähnt hat, wird nach der Pseudonymisierung eine Übersetzungstabelle hinterlegt. Anhand dieser Tabelle kann eine Pseudonymisierung rückgängig gemacht werden. Genau diese Übersetzungstabelle ist jedoch das Problem. Alle Personen die Zugriff auf diese Tabelle haben, können die Beziehungen zwischen einzelnen Datenbeständen wiederherstellen. Demnach können im Nachhinein also immer noch Daten einer bestimmten Person zugeordnet werden. Dies hat die Folge,

---

[114] Vgl. Dix (2016), S. 61.
[115] Vgl. o. V. (2016) auf http://www.zeit.de/digital/datenschutz/2016-11/datenschutz-millionen-nutzer-ausgespaet-ndr.

dass die zuvor anonymisierten Daten nun doch wieder personenbezogen sind. Die Weiterverarbeitung dieser angeblich pseudonymisierten Daten widersprechen nun jedoch den Prinzipien des Datenschutzrechts.

Auch der Lösungsansatz *Privacy by Design*, welcher umfangreich in Kapitel 3.2.4 erläutert wurde, zeigt einen Kritikpunkt auf, welchen der Autor nun im Folgendem darstellen wird. Bei dem Lösungsansatz Privacy by Design handelt es sich um einen sehr komplexen, technischen Lösungsansatz. Bisher geht es bei den veröffentlichen Diskussionen zum Größten Teil nur um die Anforderungen und Prinzipien des Verfahrens.[116] Konkrete Handlungsempfehlungen werden bisher eher weniger betrachtet.[117] Aus diesem Grund wird der Lösungsansatz Privacy by Design trotz seiner vielverspre-chenden Ergebnisse, für ein Großteil der Unternehmen eher als große Herausforderung, als ein potenzieller Lösungsansatz gesehen.[118] Ein weite-res Problem bei dem Lösungsansatz Privacy by Design stellt das Prinzip der vollen Funktionalität dar. Für Unternehmen ist es bisher unmöglich volle Funktionalität und Datenschutz in einem komplexen System zu vereinen.[119]

---

[116] Vgl. Steinebach/Krempel/Jung et al. (2016), S. 441.
[117] Vgl. Steinebach/Krempel/Jung et al. (2016), S. 441.
[118] Vgl. Steinebach/Krempel/Jung et al. (2016), S. 441.
[119] Vgl. Steinebach/Krempel/Jung et al. (2016), S. 440.

5 Fazit und Ausblick

In der Einleitung dieser Abschlussarbeit wurde bereits darauf hingewiesen, aus welchen Gründen eine Auseinandersetzung von Unternehmen mit den Themen Big Data und Datenschutz und seinen daraus resultierenden Herausforderungen besonders wichtig ist. Auf Grund der stetig wachsenden Menge an weltweit verfügbaren personenbezogenen Daten, welche mit Hilfe komplexer Big Data Anwendungen verarbeitet werden, steigt die Gefahr vor Missbrauch der Daten. Wie also kann Big Data schließlich mit dem Datenschutz zusammenwirken, ohne Persönlichkeitsrechte zu verletzen?

Um diese Frage zu beantworten, wurde zunächst der theoretische Rahmen des Begriffs Big Data bearbeitet. Besonders hervorzuheben ist die Definition mithilfe der 4 V's: Volume, Velocity, Variety und Veracity. Big Data eröffnet den Unternehmen neue Perspektiven die großen Datenmengen, welche in den vielen verschiedenen Formaten vorliegen, in Echtzeit zu verarbeiten. Anschließend wurde der theoretische Rahmen des Begriffs Datenschutz dargestellt. Der Datenschutz, welcher auf Grundlage des BDSG, angewendet wird, schützt Grundsätzlich nicht die Daten an sich, sondern es geht vielmehr um den Schutz der Inhalte, welche mit Personen in Verbindung gebracht werden können. Konkret geht es also um personenbezogene Daten. Im Vordergrund steht hier das Recht auf informationelle Selbstbestimmung. Das Grundrecht auf informationelle Selbstbestimmung gibt vor, das jeder Mensch über die Veröffentlichung und Verwendung seiner personenbezogenen Daten entscheiden darf.

Die Probleme, welche bei der Zusammenführung von Big Data und Datenschutz in den Vordergrund rücken, sind die Zielkonflikte mit den Prinzipien des Datenschutzrechts. Nach genauerer Betrachtung konnte festgestellt werden, dass diese der Verwendung von Big Data konträr entgegenstehen. Das Datenschutzrecht legt besonderen Wert darauf, so wenig personenbezogene Daten zu verwenden, wie es nur möglich ist. Wohingegen Big Data jedoch darauf abzielt, immer mehr Daten zu verarbeiten und vor allem auch für zukünftige Zwecke diese personenbezogenen Daten zu speichern.

Als Lösungsansatz dient grundsätzlich die Datenschutzkontrolle als Basis. Die Datenschutzkontrolle wird zum einen um die Anonymisierung und die Pseudonymisierung und zum anderen um das technische Verfahren des Privacy by Design ergänzt.

Durch die Anonymisierung und Pseudonymisierung werden Daten, welche zunächst als personenbezogene Daten gelten, so verändert, dass ein Rückschluss auf Personen nur noch mit unverhältnismäßig großen Aufwand möglich ist. Um die Anwendung von Big Data mit dem Datenschutz in Einklang zu bringen, ist somit die sicherste Lösung, den Personenbezug der personenbezogenen Daten zu entfernen. Sobald bei der Big Data Analyse Daten verarbeitet werden, welche keinen Personenbezug aufweisen, ist die Anwendung des Datenschutzrechts nicht mehr notwendig und es können somit auch keine Persönlichkeitsrechte mehr verletzt werden. Jedoch ist bei der Anonymisierung und Pseudonymisierung auch große Vorsicht geboten. Sobald die personenbezogenen Daten nicht ausreichend anonymisiert oder pseudonymisiert wurden, besteht die Gefahr der Re-Identifizierung. Angeblich anonymisierte Daten können dann trotzdem einer bestimmten Person zugeordnet werden. Werden diese fälschlicherweise anonymisierten Daten dann verarbeitet und ggf. veröffentlicht, können Persönlichkeitsrechte verletzt werden und außerdem wird der Anwender somit gegen das Datenschutzrecht verstoßen.

Privacy by Design ist ein technisch orientierter Ansatz, um Big Data und Datenschutz miteinander zu vereinen. Besonders große Betrachtung wird hier auf die 7 Prinzipen von Ann Cavoukian geworfen, denn diese beschreiben im engsten Sinne die Vorgehensweise von Privacy by Design.

Die Zusammenführung von Big Data und Datenschutz wird auch in der Zukunft noch eine besondere Herausforderung für Unternehmen darstellen. Es ist daher besonders wichtig, dass die Einhaltung des Datenschutzrechtes zum frühestmöglichen Zeitpunkt und außerdem über den gesamten Zeitraum einer Big Data Analyse berücksichtigt wird. Die Anonymisierung und Pseudonymisierung wird vor allem mit Unterstützung des technischen Konzepts Privacy by Design für Unternehmen auch noch in der Zukunft eine besondere Wichtigkeit darstellen.

Literaturverzeichnis

- Bitter, Till/Buchmüller, Christoph/Uecker, Philip (2014), Datenschutzrecht, in: Hoeren, Thomas (Hrsg.), Big Data und Recht, 1. Aufl., München, S. 58–93.

- Cavoukian, Ann (2013), Privacy by Design, https://www.ipc.on.ca/wp-content/uploads/2013/09/pbd-primer.pdf (08.01.2017).

- CP Monitor (2013), Big Data – Hype oder das Marketing der zukunft?, in: CP Monitor, S. 15–19.

- Culmsee, Thorsten (2015), Prinzipien des Datenschutzrechts, in: Dorschel, Joachim (Hrsg.), Praxishandbuch Big Data. Wirtschaft -- Recht -- Technik, Wiesbaden, S. 167–174.

- Davenport, Thomas H. (2014), Big Data @work, 1. Aufl., München.

- Dix, Alexander (2016), Datenschutz im Zeitalter von Big Data: wie steht es um den Schutz der Privatsphäre, in: Stadtforschung und Statistik: Zeitschrift des Verbandes Deutscher Städtestatistiker, Vol. 29, S. 59–64.

- Dorschel, Werner/Dorschel, Joachim (2015), Einführung, in: Dorschel, Joachim (Hrsg.), Praxishandbuch Big Data. Wirtschaft -- Recht -- Technik, Wiesbaden, S. 1-13.

- Eich, Jakob (2014), Big Data: Controller zwischen Angst und Zuversicht. Datenflut, http://www.faz.net/aktuell/finanzen/cfo/big-data-controller-zwischen-angst-und-zuversicht-13179938.html (15.01.2017).

- Fasel, Daniel (2014), Big Data – Eine Einführung, in: HMD Praxis der Wirtschaftsinformatik, Vol. 51, S. 386–400.

- Fasel, Daniel/Meier, Andreas (2016), Was versteht man unter Big Data und NoSQL?, in: Fasel, Daniel/Meier, Andreas (Hrsg.), Big Data. Grundlagen, Systeme und Nutzungspoteziale, Wiesbaden, S. 3–16.

- Freiknecht, Jonas (2014), Big Data in der Praxis. Lösungen mit Hadoop, HBase und Hive : Daten speichern, aufbereiten, visualisieren, München.

- Helbing, Thomas (2015), Big Data und der datenschutzrechtliche Grundsatz der Zweckbindung, in: K&R, Vol. 18, S. 145–216.

- Helbing, Thomas (2015), Datenschutz beachten bei Big Data und Business Analytics, in: Lang, Michael (Hrsg.), Handbuch Business Intelligence. Potenziale, Strategien, Best Practices, 1. Aufl., Düsseldorf, S. 275–299.

- Heuberger-Götsch, Olivier/Burkhalter, Thomas (2014), Datenschutz in Zeiten von Big Data, in: HMD Praxis der Wirtschaftsinformatik, Vol. 51, S. 480–493.

- Heuer, Steffan (2013), Kleine Daten, große Wirkung — Big Data, http://lfmpublikationen.lfm-nrw.de/index.php?view=product_detail&product_id=306 (15.01.2017).

- Hoeren, Thomas/Völkel, Jonas (2014), Rechtliche Betrachtung - Eigentum an Daten, in: Hoeren, Thomas (Hrsg.), Big Data und Recht, 1. Aufl., München, S. 11–37.

- Hudson, Richard Paul (2016), Big Data und Datenschutz: Überwindung der Gegensätze mit der stabilen Anonymisierung, https://www.sigs-datacom.de/uploads/tx_dmjournals/hudson_OS_03_16_MqFr.pdf (01.01.2017).

- James, Josh, How Much Data is Created Every Minute? | Domo Blog, https://www.domo.com/blog/how-much-data-is-created-every-minute/ (17.12.2016).

- Jüngling, Thomas (2015), Stahlbranche kämpft mit Terabyte gegen Schrottberge, https://www.welt.de/wirtschaft/article137759411/Stahlbranche-kaempft-mit-Terabyte-gegen-Schrottberge.html (28.12.2016).

- King, Stefanie (2014), Big Data. Potential und Barrieren der Nutzung im Unternehmenskontext, Zugl.: Innsbruck, Univ., Diss., 2013, Wiesbaden.

- Klein, Dominik/Tran-Gia, Phuoc/Hartmann, Matthias (2013), Big Data, in: Informatik-Spektrum, Vol. 36, S. 319–323.

- Marnau, Ninja (2016), Anonymisierung, Pseudonymisierung und Transparenz für Big Data. Technische Herausforderungen und Regelungen in der Datenschutz-Grundverordnung, in: DuD • Datenschutz und Datensicherheit, S. 428–433.

- Martini, Mario (2014), Big Data als Herausforderung für den Persönlichkeitsschutz und das Datenschutzrecht, in: DVBl, S. 1481–1489.

- Mayer-Schonberger, Viktor (2015), Big Data - Eine Revolution, die unser Leben verandern wird, in: Bundesgesundheitsblatt, Gesundheitsforschung, Gesundheitsschutz, Vol. 58, S. 788–793.

- Mayer-Schönberger, Viktor/Cukier, Kenneth (2013), Big Data. Die Revolution, die unser Leben verändern wird, 2. Aufl., München.

- McAfee, Andrew/Brynjolfsson, Erik (2012), Big Data: The Management Revolution, in: Harvard Business Review, S. 59–68.

- o. V. (2012), Big Data im Praxiseinsatz - Szenarien, Beispiele, Effekte, http://www.bitkom.org/de/publikationen/38337_73446.aspx (15.01.2017).

- o. V. (2016), Von wegen anonymisiert, http://www.zeit.de/digital/datenschutz/2016-11/datenschutz-millionen-nutzer-ausgespaet-ndr (15.01.2017).

- o. V. (2017), Daten - Volumen der weltweit generierten Daten bis 2020 | Statistik, https://de.statista.com/statistik/daten/studie/267974/umfrage/prognose-zum-weltweit-generierten-datenvolumen/ (15.01.2017).

- Raabe, Oliver/Wagner, Manuela (2016), Verantwortlicher Einsatz von Big Data. Ein Zwischenfazit zur Entwicklung von Leitplanken für die digitale Gesellschaft, in: DuD • Datenschutz und Datensicherheit, S. 434–439.

- Reinbold, Fabian/Schnack, Thies (2016), US-Wahl und Daten-Ingenieure: Ich ganz allein habe Trump ins Amt gebracht, http://www.spiegel.de/netzwelt/netzpolitik/donald-trump-und-die-daten-ingenieure-endlich-eine-erklaerung-mit-der-alles-sinn-ergibt-a-1124439.html (08.01.2017).

- Richter, Philipp (2016), Big Data, Statistik und die Datenschutz-Grundverodnung, in: DuD • Datenschutz und Datensicherheit, S. 518–586.

- Roßnagel, Alexander (2011), Das Gebot der Datenvermeidung und -Sparsamkeit als Ansatz wirksamen technikbasierten Persönlichkeitsschutzes?, in: Eifert, Martin/Hoffmann-Riem, Wolfgang (Hrsg.), Innovation, Recht und öffentliche Kommunikation. [... Tagung am 3. und 4. Dezember 2009 in Gießen ...], S. 41–66.

- Roßnagel, Alexander (2013), Big Data - Small Privacy? Konzeptionelle Herausforderungen für das Datenschutzrecht, in: ZD, S. 562–566.

- Roßnagel, Alexander/Geminn, Christian L./Jandt, Silke/Richter, Philipp (2016), Datenschutzrecht 2016 - "smart" genug für die Zukunft? Ubiquitous Computing und Big Data als Herausforderungen des Datenschutzrechts, Kassel.

- Schaar, Peter (2014), Datenschutz in Zeiten von Big Data, in: HMD Praxis der Wirtschaftsinformatik, Vol. 51, S. 840–852.

- Schroeck, Michael/Shockley, Rebecca/Smart, Janet/Romero-Morales, Professor Dolores/Tufano, Professor Peter (2012), Analytics: Big Data in der Praxis. Wie innovative Unternehmen ihre Datenbestände effektiv nutzen.

- Steinebach, Martin/Krempel, Erik/Jung, Christian/Hoffmann, Mario (2016), Datenschutz und Datenanalyse. Herausforderungen und Lösungsansätze, in: DuD • Datenschutz und Datensicherheit, S. 440–445.

- Ulbricht, Carsten (2015), Gesetzliche Erlaubnistatbestände und Interessenabwägung, in: Dorschel, Joachim (Hrsg.), Praxishandbuch Big Data. Wirtschaft -- Recht -- Technik, Wiesbaden, S. 174–189.

- Waldner, Michael (2015), CHANCEN DURCH BIG DATA UND DIE FRAGE DES PRIVATSPHÄRENSCHUTZES. http://publica.fraunhofer.de/dokumente/N-374560.html (15.01.2017).

- Weichert, Thilo (2013b), Big Data - eine Herausforderung für den Datenschutz, in: Geiselberger, Heinrich/Moorstedt, Tobias (Hrsg.), Big Data. Das neue Versprechen der Allwissenheit, 1. Aufl., Berlin, S. 131–148.

- Weichert, Thilo (2013a), Big Data und Datenschutz. Chancen und Risiken einer neuen Form der Datenanalyse, in: ZD, S. 251–259.

- Witt, Bernhard C. (2010), Datenschutz kompakt und verständlich. Eine praxisorientierte Einführung, 2. Aufl., Wiesbaden.

BEI GRIN MACHT SICH IHR
WISSEN BEZAHLT

- Wir veröffentlichen Ihre Hausarbeit,
  Bachelor- und Masterarbeit

- Ihr eigenes eBook und Buch -
  weltweit in allen wichtigen Shops

- Verdienen Sie an jedem Verkauf

Jetzt bei www.GRIN.com hochladen
und kostenlos publizieren

www.ingramcontent.com/pod-product-compliance
Lightning Source LLC
LaVergne TN
LVHW042304060326
832902LV00009B/1245